PETIT GUIDE POUR SURVIVRE À LA FAMILLE

AIDE-MÉMOIRE

Prénom _____

Nom _____

Noms des parents _____
(si vous les connaissez)

Noms des enfants _____
(si vous les avez reconnus)

COUPEZ LE CORDON

... si ce n'est pas déjà fait.

✝

Monsieur et Madame, leurs enfants et leurs petits-enfants, leurs cousins et leurs cousines, leurs voisins et leurs voisines, toute la famille proche et élargie,

✝

ont la douleur de vous faire part du décès de

_____

(NOTEZ ICI LE NOM DE LA PERSONNE DONT VOUS ESPÉREZ HÉRITER)

Les funérailles auront lieu aussitôt que possible.

ÊTES-VOUS...

☐ Fils	☐ Fille
☐ Père	☐ Mère
☐ Frère	☐ Sœur
☐ Beau-frère	☐ Belle-sœur
☐ Gendre	☐ Bru
☐ Grand-père	☐ Grand-mère
☐ Petit-fils	☐ Petite-fille

Si vous avez coché 4 réponses ou plus

Vous êtes indéniablement un pilier de la famille.

Si vous avez coché 3 réponses

Vous avez la famille dans la peau.

Si vous avez coché 2 réponses

Vous êtes attaché aux liens familiaux,
mais pouvez vous en libérer facilement.

Si vous avez coché 1 réponse

Vous faites partie de la famille, mais la famille ne fait pas
encore partie de vous.

Si vous n'avez coché aucune de ces réponses

Vous devriez consulter un psy.

GÉNÉALOGIE DE LA FAMILLE RECOMPOSÉE

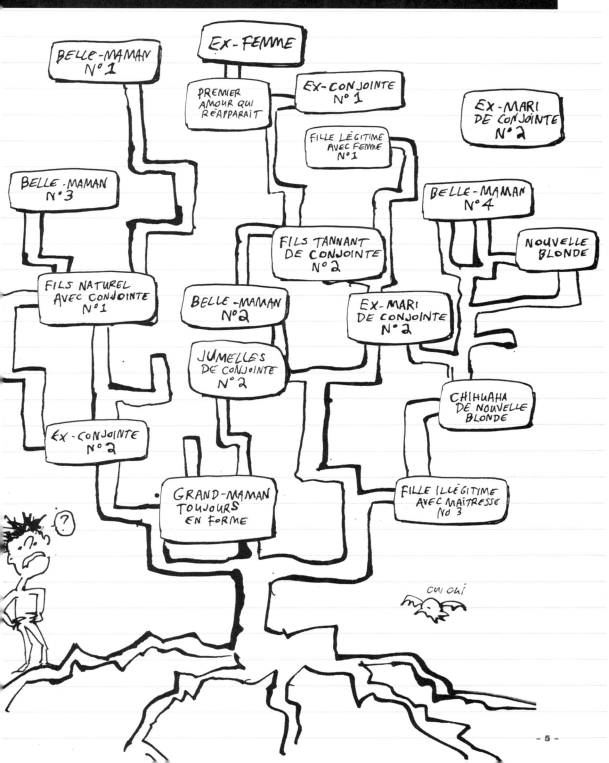

TROUSSE DE SURVIE ①

Découpez les fiches ci-dessous
et apportez-les au prochain party
de famille. Ça vous évitera de
sourire d'un air niais parce que
vous ne savez plus quoi dire.

Et la santé, ça va ?

Pis, comment ça va vous autres ?

Et le boulot, ça va ?

Et le trafic pour venir, ç'a été ?

Et à la maison, ça va ?

Vous avez vu le temps qu'il fait ?

Et le p'tit dernier, ça va ?

Et la nouvelle auto, ça va ?

Et votre chat, ça va ?

Et la situation en Afghanistan, ça va ?

Et sinon, la vie, ça va ?

Et la forme, ça va toujours ?

Pis, à part de t'ça ?

HYPNOTISEZ VOTRE BELLE-MÈRE

TROUSSE DE SURVIE

Bouchons d'appoint
en cas de souper trop bruyant

Découpez en suivant les pointillés,
trempez dans l'eau tiède, roulez en boule
et glissez dans chaque oreille.

1O CHOSES À FAIRE AVANT DE QUITTER UN PARTY DE FAMILLE

Embrasser grand-maman.

**Prendre un dernier verre,
mais juste un dernier.**

Retrouver votre manteau.

**Embrasser grand-maman
qui réclame son bec.**

Prendre un dernier verre,
mais cette fois, c'est vraiment le dernier.

**Embrasser grand-maman
pour être certain de ne pas oublier.**

Chercher les clés de l'auto dans la cuisine,
dans le salon, dans la salle à manger.

**Embrasser grand-maman
qui ne se rappelle pas si vous
lui avez dit au revoir ou pas.**

Retrouver les clés, qui étaient dans le manteau.

**Appeler un taxi parce que
vous ne vous souvenez pas
où vous avez garé l'auto.**

TROUSSE DE SURVIE ③

4 trucs pour tomber malade avant la visite du mononcle fatigant

- Sortez pieds nus et les cheveux mouillés
- Passez une journée dans la salle d'attente d'un médecin
- Mangez des produits passés date
- Léchez les poteaux dans le métro

MMH

TIREZ VOTRE PLAN

Reliez les conversations entre elles.

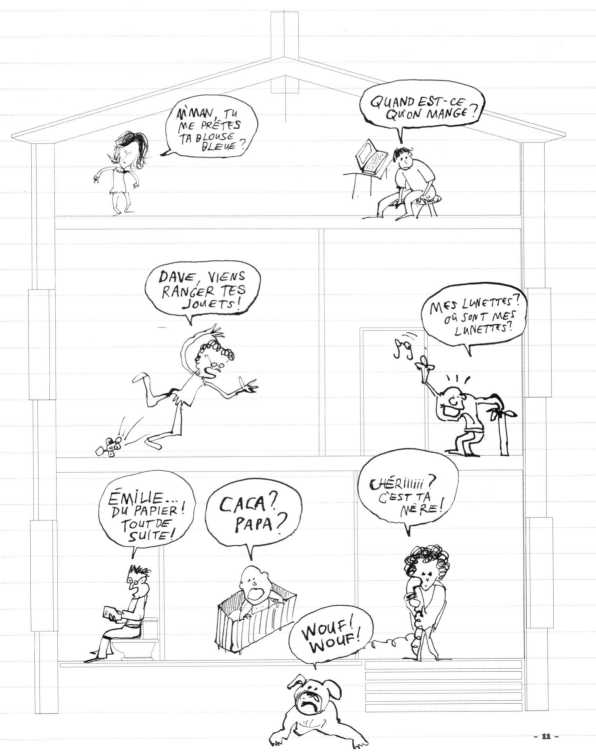

PSYCHO TEST FAMILIAL

Avez-vous la famille dans la peau ou avez-vous plutôt envie de lui faire la peau ?

Dans un party de famille :

A) Vous arrivez le dernier et vous partez le premier.

B) Vous connaissez chacun par son prénom.

C) Vous restez collé à votre mère.

À Noël :

A) Vous recyclez le cadeau que vous avez reçu l'an dernier.

B) Vous organisez l'échange de cadeaux.

C) Vous faites comme maman a dit.

À quelle fréquence appelez-vous votre mère ?

A) Moins d'une fois par an.

B) D'une à deux fois par mois.

C) Plus de trois fois par jour.

Pour communiquer avec vous, votre mère :

A) Vous envoie un courriel.

B) Vous écrit sur Facebook.

C) Appuie sur la touche *redial*.

Où partez-vous en vacances ?

A) Loin de vos parents.

B) Avec vos parents.

C) Chez vos parents.

Votre fils s'appelle comment ?

A) Saddam-Adolphe.

B) Auguste, en souvenir de l'arrière-grand-père.

C) Junior.

Avez-vous déjà oublié :

A) Votre enfant à la garderie ?

B) De rappeler votre mère pour lui dire que vous étiez bien arrivé ?

C) Votre linge lavé et plié chez maman ?

PSYCHO TEST FAMILIAL RÉPONSES

UN MAX DE C : LÂCHEZ LES JUPES DE MAMAN !

Vous êtes tellement proche de votre famille qu'elle pourrait vous étouffer. Un peu d'air vous fera le plus grand bien.

Notre conseil : allez jouer en page 2.

UN MAX DE B : LA FAMILLE VOUS TIENT À CŒUR...

... mais elle n'est pas au cœur de votre vie. Auriez-vous trouvé l'équilibre ?

Heureusement, vous avez encore des choses à apprendre à la page 47.

UN MAX DE A : LA FAMILLE VOUS DONNE DES BOUTONS

Vous n'êtes vraiment pas fait pour la famille. Vous devriez devenir coureur des bois ou astronaute.

Soignez votre aversion à la page 20.

LES TYPES de Familles

Éclatée

Monoparentale

Nucléaire

Recomposée

COLLEZ ICI UNE PHOTO DE VOTRE FAMILLE

Parfaite

VOUS ÊTES OCCUPÉ

Si vous ne voulez pas qu'on vous dérange,
faites semblant d'être plongé dans cette page.

Optimisation des processus d'amélioration des étapes d'organisation domestique selon la motivation aléatoire des membres de l'équipe familiale

Épluchage	Rangeage	Lavage	Ménage	Engueulage
Patates	Dossiers	Bas	Aspirateur	Frère/sœur
Carottes	Tiroirs	Hauts	Épousseteur	Sœur/frère
Poireaux	Capharnaüm	Linge sale	Balayeur	Père/mère
Poisson rouge	Bébelles	Linge très sale	Nettoyeur	Père/fils
Céleri	~~Sous-sol~~	Nappe et vin	Frotteur	Mère/fille
Oignon	Cossins	Sauce à spag'	Désinfecteur	Belle-mère/tout le monde
Canari	Chambres	Lingerie fine	À trois	Voisin/voisin
Circulaire	Vente de garage	Driveway	Cireur	Police/bandit

Tableau comparatif des irritants ménagers et autres raisons d'être occupé ou d'avoir mal à la tête

Enfants	Animaux	Quotidien	Couple	Finances	Varia
Doigts dans le nez	Litière	Épicerie	Sexe	Taxes municipales	Visite de belle-maman
Mains sales	Promenade	Poubelles	Sexe	Taxes provinciales	Magasinage de Noël
Dispute	Puces	Ménage	Sexe	Taxes fédérales	Laver l'auto
Heure du coucher	Arroser les plantes	Épicerie	Sexe	Taxe automobile	Rentrée des classes
Poux	Ramasser les petits besoins	Poubelles	Sexe	Taxe de stationnement	Visite de belle-maman
Dodo	Dressage	Ménage	Sexe	Taxe sur la taxe	Menu du jour
Microbe	Brossage de carapace	Épicerie	Sexe	Syntaxe	Contrôle de la télécommande
Gastro		Poubelles	Sexe	Surtaxe	
Morve		Ménage	Sexe	Taxe scolaire	

Partage équitable des responsabilités familiales et autres tâches connexes dans le cadre des activités domestiques

Fiston # 1	Fiston # 2	Fillette	Papa	Maman	Famille
Ranger ta chambre	Ranger ta chambre	Ranger ta chambre	Travail	Travail	Laver le linge sale
Mettre la table	Mettre la table	Mettre la table	Travail	Travail	Ramasser la neige (hiver)
Sortir les poubelles	Sortir les poubelles	Sortir les poubelles	Travail	Magasinage avec les copines	Ramasser les feuilles (automne)
Faire tes devoirs	Faire tes devoirs	Faire tes devoirs	Sieste	Travail	Visite chez les grands-parents
Sortir le chien	Laver la tortue	Brosser le cheval	Travail	Travail	Vacances

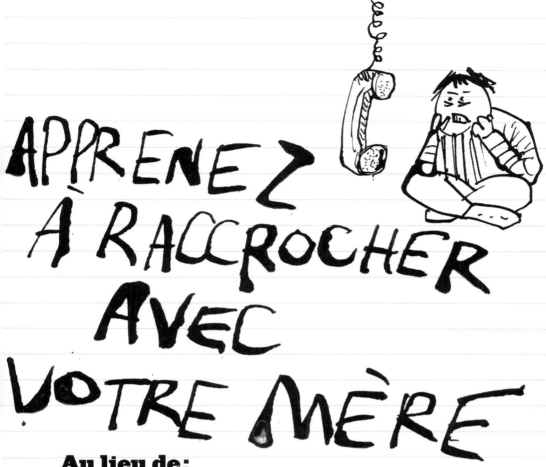

APPRENEZ À RACCROCHER AVEC VOTRE MÈRE

Au lieu de :

OK, c'est beau, là. À dimanche !
Bon ben c'est ça, à bientôt.
Mais oui, je lui dirai. Promis !
OK, d'abord. Je te rappelle.
Allez, bye, maintenant,
je raccroche. Bye, maman !
Je t'aime, là. Bye.

Entraînez-vous à dire :

Bye !

Et raccrochez.

des générations de pâté chinois

La recette de l'aïeule:
- Blé d'Inde bouilli et égrené à la main
- Patates pelées, bouillies, puis pilées
- Viande passée au hachoir
- Herbes du jardin

La recette de grand-maman:
- Boîte de blé d'Inde industriel en grain
- Boîte de purée de patates en flocons
- Steak haché du supermarché
- Mélange d'épices, marque sans nom

La recette de maman:
- Maïs biologique
- Pommes de terre nouvelles
- Canard confit du terroir
- Épices fines des 4 coins du monde

La recette de l'ado:
- Prendre le plat congelé de maman et le mettre au micro-ondes

PET DE BÉBÉ ou PET DE PÉPÉ ?

Une drôle d'odeur plane au salon.
Qui est coupable ?

Pépé

Bébé

Solution

◇◇

- Si elle ne dit rien, c'est elle.
- Si elle fronce les sourcils, c'est pépé.
- Si grand-maman sourit, c'est bébé.

MOTS CACHÉS

Au lieu de vous brouiller avec tous les membres de votre famille, défoulez-vous en les barrant de cette liste :

Papa	**Grand-maman**	**Mononcle**	**Gendre**
Maman	**Grand-papa**	**Matante**	**Bru**
Sœurette	**Cousine**	**Belle-maman**	**Beau-frère**
Frérot	**Cousin**	**Beau-papa**	**Belle-sœur**

```
F  B  C  E  D  J  A  B  T  A  E  F  E  R  E  R  F  U  A  E  B
C  K  U  O  B  J  I  B  E  A  U  P  A  P  A  I  U  O  R  R  Q
A  M  O  B  U  T  A  N  M  K  U  V  U  E  S  I  E  E  C  T  R
Z  O  N  E  D  S  A  B  T  Z  R  E  A  R  I  R  R  L  B  V  A
V  N  G  R  D  H  I  B  Q  E  O  V  B  U  D  F  L  P  A  S  L
R  O  E  T  F  R  A  N  B  S  M  V  B  N  U  P  P  A  C  W  E
S  N  L  N  O  Y  A  B  E  L  O  P  E  A  I  U  A  P  M  T  B
V  C  A  M  D  J  A  L  T  Z  O  G  E  E  I  U  P  A  U  T  E
P  L  T  E  M  P  L  T  E  D  S  B  B  R  I  U  M  L  B  R  L
Y  E  I  E  D  E  A  E  S  L  O  V  B  E  I  A  O  C  B  T  L
A  J  O  E  B  J  A  T  N  O  A  V  A  L  N  E  U  O  L  B  E
P  E  L  L  E  T  E  T  O  V  I  R  I  U  O  L  S  N  R  K  M
C  A  D  J  A  B  M  E  O  V  Z  E  T  O  R  E  R  F  R  O  A
D  N  C  L  Y  J  A  R  M  Z  I  N  Z  E  I  U  O  E  B  T  M
A  B  C  E  I  J  D  U  M  Z  O  V  A  E  I  U  O  L  B  S  A
L  B  C  Q  D  J  A  E  M  Z  M  V  S  O  E  I  U  A  L  E  N
W  B  A  E  D  L  N  O  T  M  A  T  A  N  T  E  L  I  S  E  P
K  B  P  E  G  J  V  S  I  Z  H  V  A  L  S  X  U  Z  L  Q  S
Q  B  A  R  A  P  A  P  D  N  A  R  G  D  E  P  U  O  L  S  M
R  B  P  E  E  J  G  R  A  N  D  M  A  M  A  N  U  N  L  A  X
T  V  N  E  D  L  A  U  D  E  N  I  S  U  O  C  U  O  L  R  C
A  B  A  S  D  J  E  X  M  T  S  V  S  D  E  I  U  R  L  R  U
G  T  R  X  S  U  R  B  L  I  Z  Z  A  R  D  M  S  F  L  U  R
G  D  G  K  W  X  A  J  T  Z  O  V  D  D  E  Z  Q  Y  L  O  P
C  B  A  M  D  J  A  B  O  P  Z  R  V  A  D  E  C  U  O  L  B
```

LES VACANCES

Êtes-vous sûrs de n'avoir rien oublié ?

Solution

◇◇◇◇◇◇◇◇◇◇◇◇◇◇◇◇◇◇◇◇◇◇◇◇◇◇◇◇

Et le bébé ?

JEU DES 3 ERREURS

3 erreurs se sont glissées dans la deuxième image.
Identifiez-les.

Image 1

Image 2

télécommande parentale

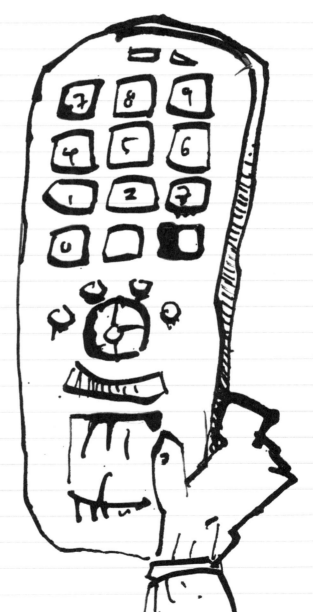

1	Mets la table !
2	Fais tes devoirs !
3	Change d'attitude !
4	Prends ton bain !
5	Vide le lave-vaisselle !
6	Plie le lavage !
7	Range ta chambre !
8	RANGE TA CHAMBRE.
9	**RANGE TA CHAMBRE !!!!!**
0	Coucher les enfants

TA GASTRO

Complétez, sans l'attraper,
le parcours de la gastro que fiston
a ramenée à la maison.

AVIS DE RECHERCHE

MÉDECIN DE FAMILLE

DISPONIBLE TOUT DE SUITE

LE DUEL FRÈRE-SOEUR

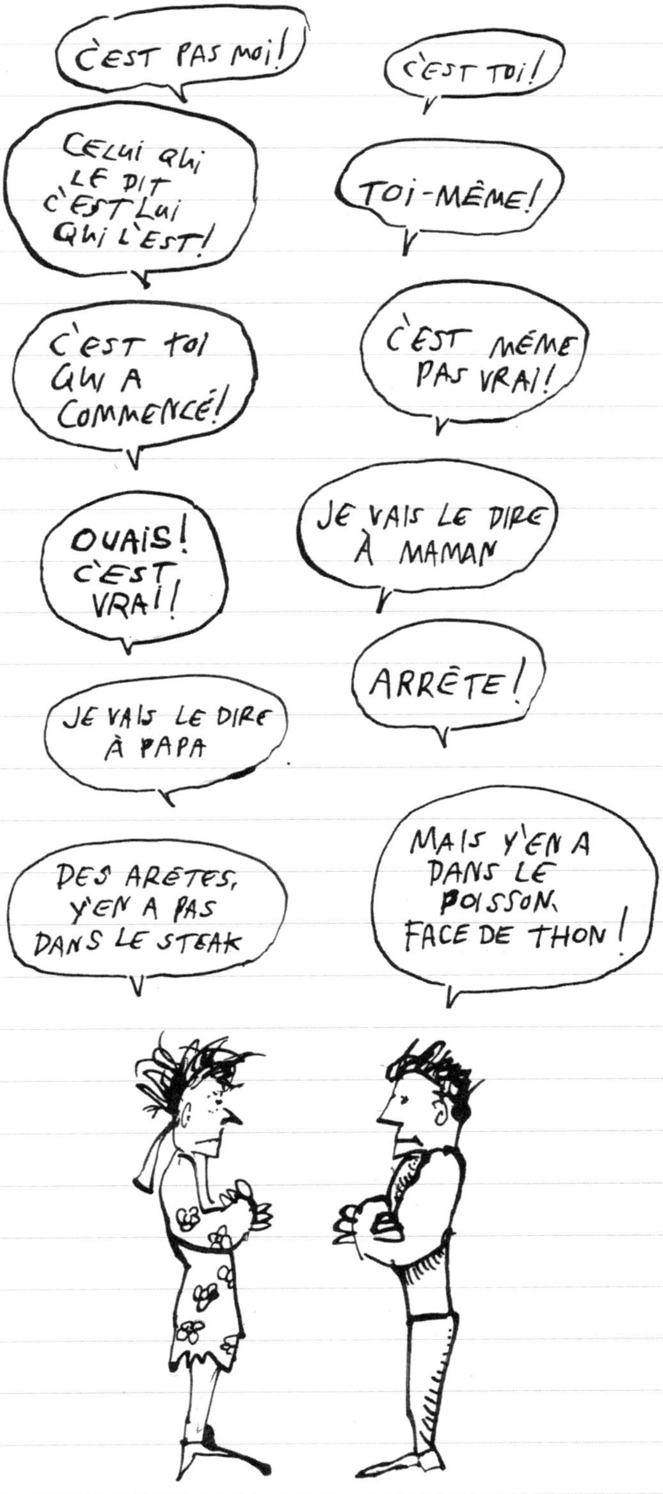

AVANT de vous rendre à une réUNION DE FAMILLE.

MÉMORISEZ cette PAGE

Bonjour, ça va bien ? Smack, smack ! Bonjour, ça va bien ? Smack, smack !

VEUILLEZ FERMER
VOS CELLULAIRES
DURANT LE
SOUPER DE FAMILLE
S.V.P.

Conjugaison

Conjuguez « fêter » à l'indicatif familial.

J' (*arriver*)_____ au party.

Tu (*attaquer*)_____ le plat de crudités.

Mononcle Marcel (*se servir*)_____ à boire.

Nous (*passer*)_____ à table.

Vous vous (*resservir*)_____ du Vinier.

Mononcle Marcel et mononcle Didier (*faire*) _____
un concours de blagues cochonnes.

POURQUOI FAIRE SIMPLE QUAND ON PEUT FAIRE COMPLIQUÉ?

LIENS FAMILIAUX

À l'aide des indices suivants, découvrez où se trouve papa:

- Maman porte un chapeau.
- Grand-maman est plus âgée que sa fille.
- Le bébé est dans la poussette.
- La sœur de maman est aussi la fille de grand-maman.

Solution

◇◇◇◇◇◇◇◇◇◇◇◇◇◇◇◇◇◇◇◇◇◇◇◇◇◇◇◇◇◇◇◇◇◇◇◇◇◇◇

Papa attend toujours du papier, page 11.

SOYEZ HONNÊTE, MAIS SOYEZ GENTIL

**Si le bébé est beau, dites:
Oh, le beau bébé!**

**Si le bébé est laid, dites:
Oh, le gentil bébé!**

UNE FAMILLE D'ARTISTES

Le petit neveu vient de massacrer Mozart au violon. Que dire pour vous en sortir ?

1. « Vraiment doué pour son âge... » Vous seul saurez que vous parlez de Mozart.

2. « J'aime beaucoup le violon. » Au risque qu'il vous exécute un autre morceau...

3. « C'est lui qui l'a composé ? » Voir 1.

4. « Quelle horreur, ça devrait être interdit. » Vous vous assurez ainsi qu'on ne vous invitera plus.

5. « Égorger un chat fait moins mal aux oreilles. » Voir 4, mais en plus, on vous accusera de ne pas aimer les animaux.

QUESTION DE TON

Comprenez les non-dits de vos petits chéris en analysant l'air sur lequel ils sont dits.

INSOUCIANT

Ma – ma-a-aaaan

INQUIET

Ma – maaaaaaaaan

EXASPÉRÉ

Ma – aaa – a – aaa – a – maan

SUR LE POINT DE MUER

Ma –a – a – man – a-an

Note : Ça marche aussi avec papa.

COMMENT SE DÉBARRASSER DE LA VISITE?

Le top 5 des meilleures excuses pour faire fuir les invités qui ne veulent pas décoller.

1. **« Vous ne saviez pas que notre lave-vaisselle était tombé en panne ? »**

2. **« Prendriez-vous un café avant de partir ? »**

3. **« Je crois que vous allez avoir une contravention si vous ne bougez pas votre auto d'ici 5 minutes. »**

4. **« Mononcle Jean-Guy va arriver d'une minute à l'autre, vous savez, celui qui veut devenir humoriste. »**

5. « Oh mon Dieu, j'ai oublié de vous dire que la petite avait la gastro... »

PROBLÈME

AIDEZ PAPA à retrouver ses LuNETTES

A. Fiston les a cachées pour faire une blague
même pas drôle.

B. Maman les a empruntées pour lire la recette
en trois étapes du pâté chinois de tante Thérèse.

C. Fillette les a brisées, mais elle n'ose pas le dire.

D. Belle-maman les a mises dans son sac
en pensant que c'étaient les siennes.

Solution

◇◇◇◇◇◇◇◇◇◇◇◇◇◇◇◇◇◇◇◇◇◇◇◇◇◇◇◇◇◇◇◇◇◇◇◇

Mettez vos lunettes et regardez attentivement l'illustration.

VOCABULAIRE ILLUSTRÉ

FAMILLE (n.f.) :

1. Ensemble de personnes liées par le sang.

Famille Dracula

2. Ensemble de personnes partageant une même idéologie.

Famille mafia

3. Ensemble de personnes qui ont quelque chose en commun.

Famille avec un chien

PAPA

FILLETTE

FISTON

HIHI

MAMAN

FIDO

QUI C'EST?

Associez le visiteur à son coup de sonnette.

A. **Driiiiiiiiiiiiiiiiiiiiiiiiiiiiiiiiiiiiiiiiiiiiiiiiiiiiiiiiiiiiiiiing**

B. **Dring DringDriiiiiiiiiiiiiiiiiiiiingDriiiiiingDriiiing**

C. **DringDringDringDringDringDringDring DringDringDring DringDringDring**

D. **Dring**

1. L'oncle alcoolique, un lendemain de veille.
2. La mamie hystérique, toujours pressée d'arriver.
3. Le voisin timide qui a oublié ses clés.
4. L'ado amorphe qui s'est endormi sur la sonnette.

Solution

◇◇

1:B, 2:C, 3:D, 4:A

POURQUOI GRAND-PAPA N'ENTEND RIEN ?

- Ça fait 47 ans qu'il entend les mêmes niaiseries.
- Il a oublié de mettre en marche son appareil auditif.
- Il a oublié de débrancher son iPod.
- Il a une banane dans l'oreille.
- Hein ?

EN CAS DE PÉPIN...

ne jetez pas

le noyau familial

au compost!

DÉCODEZ LE LANGAGE DES ADOS

Reliez ces expressions à leurs traductions en français adulte.

1. J'ARRIVE TOUT DE SUITE !	A. Je passe une nuit blanche.
2. JE NE RENTRE PAS TARD...	B. Je comprends le sens de ta question mais je n'ai pas, pour l'heure, envie de te répondre.
3. MA CHAMBRE EST RANGÉE !	C. Il vaut mieux que tu ne vois pas mes photos sur Facebook.
4. J'AI PAS DE DEVOIRS.	D. Une bombe thermonucléaire est tombée dans ma chambre.
5. ON A JUSTE TCHILLÉ...	E. Je viens dans une demi-heure.
6. HEU...	F. J'ai un examen demain, deux livres à lire et 500 pages à étudier.

Solution

◇◇◇◇◇◇◇◇◇◇◇◇◇◇◇◇◇◇◇◇◇◇◇◇◇◇◇◇◇◇◇◇◇◇◇◇◇◇

1:E – 2:A – 3:D – 4:F – 5:C – 6:B

douche FROIDE

Votre fille de 18 ans est sous la douche depuis une demi-heure et vous êtes pris d'un besoin pressant. Que faites-vous ?

1. **Vous dévissez la serrure de la porte.**

2. **Vous criez « Au feu ! »**

3. **Vous coupez l'eau chaude.**

EN J'AI

ENVIIIIE

HHHH

Solution permanente

◇◇◇◇◇◇◇◇◇◇◇◇◇◇◇◇◇◇◇◇◇◇◇◇◇◇◇◇◇◇◇◇◇◇◇◇◇◇◇

Trouvez-lui un amoureux avec un appartement.

C'EST TOUT LE PORTRAIT DE...

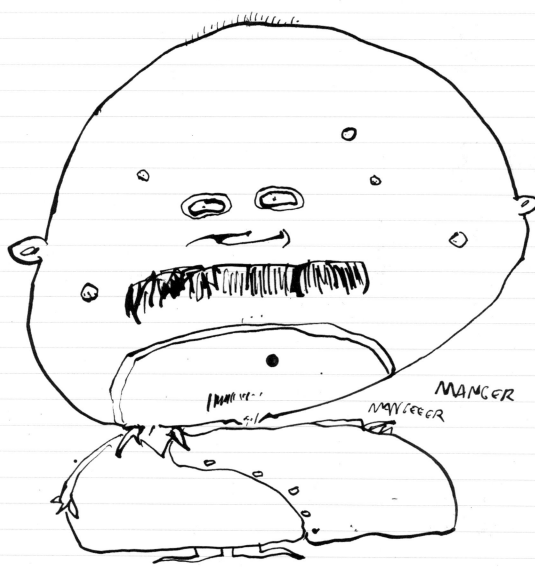

MANGER

MANGEEER

Si bébé avait les yeux de maman, le nez de papa,
la bouche de grand-maman, les oreilles du cousin
Thomas, le menton de l'arrière-grand-père,
les cheveux de sa sœur et la moustache
de grand-papa, voici à quoi il ressemblerait.

RETROUVEZ LA CHANSON

Retrouvez les paroles de cette chanson soporifique
afin d'endormir bébé qui vient de piquer une colère à
l'heure du téléroman.

Solution

⬦⬦⬦⬦⬦⬦⬦⬦⬦⬦⬦⬦⬦⬦⬦⬦⬦⬦⬦⬦⬦⬦⬦⬦⬦⬦⬦⬦⬦

Fais dodo, Colas mon p'tit frère, fais dodo, t'auras du lolo.

Sport

Échappez aux bisous mouillés de la tante qui pique.

QUI EST QUI ?

**Donnez le bon nom à ces oncles chauves
à lunettes que vous n'avez pas vus
depuis dix ans.**

Jean-Guy
Gaétan
Réjean
Serge

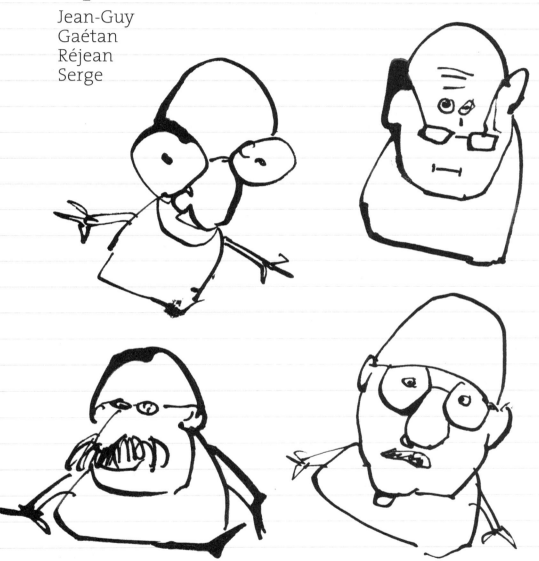

Solution

◇◇◇◇◇◇◇◇◇◇◇◇◇◇◇◇◇◇◇◇◇◇◇◇◇◇◇◇◇◇◇◇◇◇◇◇◇

Demandez à votre mèr : elle, elle doit s'en souvenir.

LA SOIRÉE DU HOCKEY

Il y a quelque chose qui cloche dans cette scène familiale. Quoi ?

Solution

Le Canadien gagne 5 à 1 en troisième période.